Los retos de la educación en la modernidad líquida

Zygmunt Bauman

Los retos de la educación en la modernidad líquida

Herder

Título original: Education in Liquid Modernity
Diseño de la cubierta: Carlos Pan

© *2005, Zygmunt Bauman*
© *2025, Herder Editorial, S. L., Barcelona*

ISBN: 978-84-254-5366-3

Imprenta: Liberdúplex
Depósito legal: B-17.567-2025

Impreso en España - Printed in Spain

Herder
www.herdereditorial.com

Índice

PRÓLOGO. La lucidez de Bauman
en perspectiva
Anna Pagès   9

LOS RETOS DE LA EDUCACIÓN EN LA
MODERNIDAD LÍQUIDA   23

- El síndrome de la impaciencia ...   28
- El conocimiento   34
- El cambio contemporáneo   41
- La memoria   48
- Conclusión   61

Prólogo. La lucidez de Bauman en perspectiva

Anna Pagès

A finales de la década de los noventa e inicios de la del dos mil, Zygmunt Bauman acuñó el término *modernidad líquida* para representar, de manera sucinta y plástica, el núcleo de la experiencia globalizada en Occidente. Dicha experiencia proponía un entramado insostenible de relaciones entre personas, basada en formas de intercambio lábiles y sin mayor solidez o permanencia. Los vínculos se deshacían como nudos desamarrados de sentido o de perspectiva. Las instituciones, por ejemplo el Estado y la escuela, empezaban a hundirse haciendo aguas (nunca mejor dicho) para ser progresivamente sustituidas por un individualismo de masa, cuya única divisa sería el narcisismo primario alimentado por la propia imagen.

En su propuesta, Bauman planteó que la naturaleza líquida de la vida y del amor deshacían cualquier práctica consistente y duradera. Lo inmediato debía ser prioridad: rápido, aquí y ahora. Cuanto antes mejor. Esa disponibilidad de la sociedad líquida convertía el tiempo en unidades fragmentadas cuyo único interés verdadero era que pasara. En su versión calculadora de la percepción del tiempo, en el mundo líquido solo cuenta el cronómetro y el temporizador, no la longitud de las horas. El tiempo contado a toda velocidad se abre paso, y con él, los atajos en el espacio para poder llegar antes que los demás y, si hace falta, pisando fuerte a quien se ponga por delante. Ese ambiente de distorsión temporal, de tiempo salvaje encogido resulta extrañamente familiar a las generaciones posteriores. Las sabias palabras de Bauman se anticiparon a una época.

La perspectiva del tiempo permite situar mejor la reflexión lúcida de este autor sobre la modernidad líquida y sus avatares. En estos años, desde la escritura del texto de Bauman, el mundo ha vivido una crisis sanitaria sin precedentes, que dañó directamente la línea de flotación de los resultados escolares en todo el mundo. También en estos años se han visto amenazados los recursos naturales disponibles en el planeta y la biodiversidad. Hemos pasado de la sociedad de la información a la del conocimiento: no es tan importante qué sabes sino qué haces con lo que sabes, dónde lo dices y a quién. El trabajo cotidiano ya no es la única fuente de riqueza. El mercado de la especulación ha expandido su influencia centrándose más en el consumo que en la producción. El retorno de los fundamentalismos y extremismos de toda índole —religiosos, sociales y políticos— han generado fenómenos como el terrorismo global y un aumento de la intolerancia. Se ha producido un desarrollo imparable de la tecnología y la biomedicina, que convierte a los seres humanos, gracias a la neurotecnología, en sujetos con potencialidades expandidas, como la memoria o la percepción. Por otra parte, las redes sociales se han convertido en un foro de vociferación y de juego de espejos, influyendo en la capacidad de percepción y de atención de las personas, alejándolas del mundo analógico y de la realidad de los otros. Todo ello ha impactado en los valores compartidos y ha desgastado las democracias y la libertad. También ha convertido a muchos en seres aislados que experimentan una soledad no deseada.

El acierto de Bauman al dar con ese justo adjetivo «líquido» a propósito de una sociedad anclada en la lógica del atajo, dispuesta a adelantar a cualquier precio un tiempo ya de por sí acelerado, invistió la lógica de una época que empezaba a mostrar sus garras. En el campo educativo, ¿en qué sentido el análisis de Bauman sigue hoy todavía interpelando a la generación actual?

En la palabra «educación» convergen dos etimologías latinas distintas: una es *educare*, de *duco-ducare*, que significa alimentar, nutrir. En esta primera acepción «educar» se entiende, primero, como crianza en el sentido más elemental; y luego, como una forma de transmisión del saber de la cultura, de lo humano, que se alimenta de mundos simbólicos, de lenguaje, de arte, de ciencias. Mientras el educando recibe, el educador se mueve hacia él. Una clase magistral, por ejemplo, se podría entender desde este significado. Los estudiantes toman nota de lo que dice el profesor. El buen profesor habla a los estudiantes y considera en su corazón cómo escuchan lo que va diciendo.

La otra acepción de la palabra «educación» es *educere*, de *duco-ducere*, que significa acompañar, caminar al lado. En la Atenas de Pericles, el *paidagogos* era un esclavo que acompañaba a los niños a la escuela, como hoy hacemos cuando llevamos de la mano a las criaturas hasta la puerta del centro escolar. Es una interesante experiencia: nos cuentan cosas, intentan encontrar palabras para describir sus ideas, formulan preguntas, señalan lo que van viendo por el camino.

El filósofo René Arcilla usó la obra cinematográfica del director alemán Wim Wenders[1] para hablar, en su libro,[2] de la educación como un sendero o camino (*a kind of road*) que recorremos acompañados. En las películas de Wenders, como por ejemplo *Paris, Texas* (1989), los protagonistas viven una experiencia subjetiva durante un viaje que emprenden juntos, viaje geográfico y viaje simbólico hacia el sentido de su propia

[1] R.V. Arcilla, *Wim Wenders's Road Movie Philosophy: Education Without Learning*, Londres, Bloomsbury Academic, 2020.

[2] Escribí un artículo sobre este libro y una reflexión a propósito de la película *Paris, Texas*. Véase A. Pagès, «A kind of road: The eye and the gaze in Wim Wenders's Paris, Texas», *Journal of Philosophy of Education* 55(4-5), 2021, pp. 754-763.

existencia. En cierto modo, se encuentran descubriendo juntos su propia historia. Así es en verdad la experiencia educativa. La literatura pedagógica clásica reivindicó el tema del viaje como una metáfora de la experiencia educativa entendida como vivencia en contacto con el mundo. Sin embargo, la educación hoy, como señala Bauman en este texto, ha tomado un atajo no siempre adecuado.

Es lo que Gert Biesta[3] llama «aprendificación del aprendizaje» (*the learnification of learning*), lo que significa, en la práctica educativa actual, que el viaje ha dejado de ser un camino «que se hace al andar» para convertirse en una arquitectura programada, orientada al rendimiento. Antes que estos autores, Bauman había ya anticipado el proceso de reducción contemporánea de la dimensión experiencial de lo educativo hasta convertirlo en un ensamblaje de actividades orientadas a un resultado final, todo ello desde la divisa «el aprendizaje centrado en el alumno» e incluso desde una mala interpretación del sentido de la pedagogía activa, totalmente contraria a su significado y connotación ori-

3   G. Biesta, *World-Centred Education: A View for the Present*, Londres, Routledge, 2022.

ginales. Bauman advirtió de la «liquefacción» de la experiencia educativa para convertirla en una arquitectura de actividades. En el ensamblaje de actividades formativas lo importante es *hacer*, hacer en el orden establecido y en el tiempo previsto para conseguir un Resultado de Aprendizaje (RA), cuya definición asegura que los objetivos iniciales previstos (por ejemplo, entender qué fue la Edad Media) se corresponden —en el sentido de un ajuste exacto— con la actividad final (las evidencias de aprendizaje). La lógica de las disciplinas basadas en evidencias (*evidence-based disciplines*) ha alcanzado de pleno todos los niveles del sistema educativo actual, desde el infantil hasta el universitario. Otras áreas como la medicina, la psicología o la ingeniería se han sumado a dicho paradigma, tal vez bastante útil en determinados proyectos específicos como construir un puente o diseñar una página web, pero desde luego no aplicable a una experiencia humana de apropiación de un saber transmitido, que incluye lo que Lluís Duch definió como *la equivocidad de lo humano*. Esto valdría también para la psicología y para la medicina.

Las evidencias son constructos que externalizan y desubjetivizan la experiencia, con el fin de difuminar la agencia de quien no solo ejecuta una acción, sino que se hace responsable de ella. Esa fue la idea de Aristóteles cuando habló de la «phronesis» —la prudencia— en su *Ética a Nicómaco*. A diferencia de la producción, cuyo resultado final es más importante que cualquier punto del proceso ejecutado anteriormente, la acción termina por *retratar* a la persona que la lleva a cabo. La maestra, el profesor no son meros ejecutores de actividades. No pueden evaluar objetivamente su acción, porque es una acción ética, cuya responsabilidad deben asumir: es algo que responde a una intención o a una voluntad, irreductible a un simple hecho exterior y ya está. Aunque la educación se puede planificar, programar, nunca la dimensión de experiencia que la define será diluida en una simple gestión de actividades. Sin embargo, el propósito de la modernidad líquida es ese precisamente: diluir.

En este texto, Bauman anticipa con lucidez que la disolución de la experiencia educativa supone suprimir el tiempo vivido (el *Kairós* griego) y sustituirlo por una gestión del tiempo calculado al milímetro (el *Kronós* griego), y sobre todo del tiempo evaluado, cuyo valor se mide por la capacidad de ser

aprovechado, es decir, de producir un benefi-
cio. Sin embargo, en el registro de la experiencia surge siempre una sorpresa o
curiosidad que la convierte en algo único e
imprevisible. Lo importante, en la experiencia, no es el resultado final sino qué hemos
encontrado juntos en el camino. Rousseau
dijo en *El Emilio* (1762) que la educación es
casi un arte, porque no alcanza nunca la per-
fección del éxito y porque se debe a la vida
creativa. La experiencia del tiempo educativo
introduce en el cálculo del tiempo una
dimensión irreductible: el deseo de vivir, de
saber, de averiguar, de buscar, de preguntar.
Rousseau definió la finalidad principal de la
educación con la frase: «vivir es el oficio que
quiero enseñar». Para el filósofo ginebrino,
aprender a vivir no significa haber cumplido
muchos años, sino adquirir el sentimiento de
la propia existencia, alcanzar un saber de lo
vivido. El educador abre al educando un
mundo por explorar apropiándose de él
sin colonizarlo: pensar ese mundo, tomar
conciencia de su realidad sensorial, sincró-
nica en espacio y tiempo, mantener una con-
versación sobre cómo preservar su valor
más preciado son funciones básicas de la
educación.

El tiempo vivido abre una dimensión inédita en el procedimiento de la planificación o los RA, es decir, sustituye una evidencia por una sorpresa. En la modernidad líquida, en cambio, la prisa, la urgencia, la búsqueda imparable del atajo para llegar antes a la meta, la obsesión de alcanzar sin tregua el objetivo en forma de saber competencial, pero sobre todo cuanto antes, han convertido la educación en un campo de pistas que sepulta la subjetividad del educando y la del educador. Por eso Bauman señala que el primer reto de la educación en la modernidad líquida consiste en desviarse de esa prisa y de esa lógica del atajo para introducir otra percepción del tiempo *consumible* o *gestionable*:

> En el mundo de la modernidad líquida, la solidez de las cosas, como ocurre con la solidez de los vínculos humanos, se interpreta como una amenaza. [...] La perspectiva de cargar con una responsabilidad de por vida se desdeña como algo repulsivo y alarmante.[4]

En la época líquida nada debe durar porque no vale en el sentido platónico del ideal de lo

4 Véase *infra*, pp. 36-37.

Bueno. Las cosas son de usar y tirar. El modelo principal del consumo rápido en la época de Bauman fue el *fast food*. En la nuestra sería el ritmo de *TikTok* o las *Instagram Stories*. Ya en este texto, Bauman usa un ejemplo divertido a propósito de la generalización del mínimo esfuerzo, de esa abreviación de lo vivido, cuando cuenta que hoy en día los niños dejan de comer una manzana o una naranja solo porque hay que pelarlas. Esta tendencia se consolidará a mitad del siglo veintiuno, terminando por confirmar un estado de ánimo que Bauman designó, como «la alegría de deshacerse de las cosas».[5] Los objetos de consumo duran poco. Han sido reducidos a un mero valor de intercambio o de uso. Un cuadro familiar, por ejemplo, que ha sido conservado de generación en generación tiene un valor simbólico irreductible a su intercambio en el mercado de los objetos de arte. Del mismo modo la educación, como una pieza única que no se puede reciclar, permite al educando adquirir una visión del mundo que nadie podrá arrebatarle. Bauman incide particularmente en la cuestión del valor incalculable del saber

5 Véase *infra*, p. 38.

transmitido, y en la necesaria experiencia de la vivencia que los une.

Bauman captó y analizó una lógica precisa que se estaba instalando progresivamente a nivel social e individual: la lógica del atajo. El atajo contribuye a simplificar y esquematizar la complejidad de las cosas de la existencia, cuyo límite resulta invisible a la modernidad líquida. Más de veinte años después de las apreciaciones de Bauman, la generalización de la tecnología en el ámbito de la educación, incluyendo el uso de videojuegos, consolas, iPod, iPhones e iPad en las prácticas familiares y de ocio, ha consolidado un ritmo errático y en cambio constante del tiempo compartido entre generaciones. Ni qué hablar de las redes sociales en ese sentido, que es, a menudo, el mundo de referencia de lo real para los más jóvenes. Expertos en el campo de la medicina y de la neurología han alertado de los efectos negativos en la capacidad de atención y de concentración de los menores (y también de los adultos) de un uso errático e imparable de los dispositivos electrónicos. La entrada en escena del ChatGPT terminó de completar el panorama de la volatilidad superficial masificada, a la vez que planteó la pregunta antropológica por la diferencia entre una máquina que aprende sin saber dónde está su deseo y un ser humano conmovido por la ignorancia de sus propias pasiones. Bauman defiende, en este texto, «la gatuna propensión a marchar solitariamente por caminos propios».[6]

Una de las principales tareas de la educación como práctica de transmisión de la herencia cultural, de contacto entre generaciones, de preservación de la memoria, consiste en introducir un punto de amarre en el flujo interminable de la errancia social movida por la tecnología y sus contenidos esporádicos.

La lectura de este texto confirma, una vez más, la lucidez de Bauman. Permite vislumbrar la educación de hoy con mayor claridad, y nos insta a imaginar, más que a diseñar a modo de bricolaje, urgentes alternativas posibles que retomen la importancia de lo duradero, del núcleo de la experiencia vital, separando el grano de la paja en contextos educativos, muchas de cuyas formas concretas deberemos inventar todavía.

6 Véase *infra*, p. 53.

Los retos de la educación
en la modernidad líquida

En el *Washington Post* del 2 de enero de 2001, Caroline Mayer informaba sobre una amplia variedad de productos que habían invadido los supermercados estadounidenses durante el año anterior, descritos como productos de comida rápida que ahorran tiempo y esfuerzo y pueden consumirse instantáneamente sin complicaciones.

Es verdad que los norteamericanos (y no solo ellos) hace tiempo que han llegado a identificar el progreso con los atajos: con las cada vez más abundantes oportunidades de *comprar* lo que antes había que *hacer*. También es cierto (y tan cierto que parece trivial) que, una vez que se ha instalado, esa concepción de «mejoramiento» tiende a expandirse en espiral y a situar en la categoría de tareas evitables y desagradables una cantidad cada vez mayor de actividades que antes se realizaban de buena gana. Labores que solían efectuarse diariamente, en general sin quejas y a menudo con placer, han llegado a considerarse y experimentarse como una pérdida desechable, aborrecible y detestable de tiempo y energía. Esta tendencia no es de ningún modo novedosa, pero la velocidad con que estos «nuevos y mejorados» preparados que permiten ahorrar tiempo se han instalado en las estanterías de los supermercados, para pasar velozmente a los carritos de los entusiastas consumidores, asombraría al más agudo observador de los mercados alimentarios y de los hábitos de sus adictos.

Caroline Meyer nos hace saber que cada vez hay más niños estadounidenses, y cada vez con mayor frecuencia, que consideran agobiante el esfuerzo que implica comer una manzana: demasiado trabajo arduo para las mandíbulas y los dientes y, además, una inversión de tiempo excesiva para la cantidad de placer obtenida. A estos niños también les desagrada tener que pelar una naranja y prefieren beber un jugo envasado. La nueva costumbre de beber cerveza directamente de la botella, un hábito que se expande por los bares estadounidenses y los *pubs* ingleses tan velozmente como un incendio forestal, ¿no se relaciona con una creciente sensación de que es un trabajo demasiado tedioso verter la cerveza de la botella en una copa antes de saciar la sed?

Smucker, una fábrica de comidas rápidas, presentó no hace mucho una novedad ampliamente aclamada: han quitado la corteza a las rebanadas de pan sobre las que se unta la mantequilla de cacahuete y la jalea de frutas de los emparedados preferidos de los niños estadounidenses. Aparentemente, la innovación da respuesta a una urgente necesidad puesto que el éxito fue instantáneo. Según parece, los niños llegaron a considerar que morder el borde más duro de la rebanada de pan era un reto demasiado laborioso para sus mandíbulas.

Aunque los padres no parecen irles a la zaga. El té helado es una de las bebidas favoritas de los norteamericanos. Pero, desgraciadamente, para prepararlo a la vieja usanza primero hay que hervir agua, llenar la tetera, hacer el té y luego esperar a que el preparado se enfríe. Mucho trabajo y mucho tiempo. ¿Sobrevivirían la sed y el deseo de saciarla todo el proceso? Afortunadamente, otro potentado de la industria de alimentos, Lipton, decidió calmar la impaciencia de los amantes del té helado y ofrecer a los afligidos adictos unas bolsitas de té cuyo contenido es soluble en agua fría (y hasta helada). Ahora la satisfacción puede ser instantánea, como en el caso del recientemente comercializado atún instantáneo en polvo que pone fin a la engorrosa tarea de perder tiempo abriendo una lata. Ya no es necesario posponer las necesidades. La *espera* —como prometieron alguna vez los anuncios que tentaban a los futuros usuarios de las recién aparecidas tarjetas de crédito— ha sido finalmente eliminada del *deseo* de consumir atún y té helado.

EL SÍNDROME DE LA IMPACIENCIA

En su artículo, Caroline Mayer cita al profesor David Shi, de la Universidad Furman de Carolina del Sur: «Esperar se ha convertido en una circunstancia intolerable». Shi ha apodado como «síndrome de la aceleración» a este nuevo estado de ánimo de los estadounidenses. Yo hablaría más precisamente del «síndrome de la *impaciencia*». Max Weber había elegido la postergación de la gratificación como la virtud suprema de los pioneros del capitalismo moderno y como la fuente primera de su asombroso éxito. El tiempo ha llegado a ser un recurso (quizá el último) cuyo gasto se considera unánimemente abominable, injustificable e intolerable; en realidad, un desaire y una bofetada a la dignidad humana, una violación a los derechos humanos.

En nuestros días, toda demora, dilación o espera se ha transformado en un estigma de inferioridad. El drama de la jerarquía del poder se representa diariamente (con un cuerpo de secretarias cumpliendo el papel de directores de escena) en innumerables salas de espera en donde se pide a algunas personas (inferiores) que «tomen asiento» y continúen esperando hasta que otras (superiores) estén libres «para recibirlo a usted ahora». El emblema de privilegio (tal vez uno de los más poderosos factores de estratificación) es el acceso a los atajos, a los medios que permiten alcanzar la gratificación instantáneamente. La posición de cada uno en la escala jerárquica se mide por la capacidad (o la ineptitud) para reducir o hacer desaparecer por completo el espacio de tiempo que separa el deseo de su satisfacción. El ascenso en la jerarquía social se mide por la creciente habilidad para obtener lo que uno quiere (sea lo que fuere eso que uno quiere) *ahora*, sin demora.

Como en el caso de otros bienes muy codiciados, el mercado está siempre dispuesto a suministrar premios de consolación diseñados según los modismos de la nueva era: bolsitas de té helado, sobres de atún en polvo; o bien réplicas producidas masivamente de los objetos auténticos de la *haute couture*, reservados para el goce de unos pocos selectos. Entrevistada por Oliver Burkman de *The Guardian*,[1] una joven inglesa de 18 años declaraba: «No me gustaría, al hacer un repaso de mi vida, ver que encontré un empleo y permanecí en él para siempre solo porque era seguro». A los padres —que permanecieron en sus empleos durante toda su vida (quiero decir, si todavía quedan de esos padres)— se les mira como una advertencia y un freno disuasivo: este es el tipo de vida que debemos evitar a toda costa. Mientras tanto un panadero neoyorquino se quejaba ante Richard Sennett[2] de la perplejidad que sentían los que estaban del bando de los padres: «No puede usted imaginar lo estúpido que me siento cuando les hablo a mis hijos de compromiso. Como es una virtud abstracta, no la ven en ninguna parte». Seguramente tampoco hay muchas pruebas de compromiso en las vidas de esos mismos padres. Estos probable-

1   O. Burkman, «My dad is a living deterrent to becoming a teacher», *The Guardian*, 21 de marzo de 2001 [https://www.theguardian.com/society/2001/mar/21/38].

2   R. Sennet, *The Corrosion of Character: The Personal Consequences of Work in the New Capitalism*, Nueva York, W.W. Norton & Co., 1998, p. 25 [trad. cast.: *La corrosión del carácter: Las consecuencias personales del trabajo en el nuevo capitalismo*, Barcelona, Anagrama, 2000].

mente hayan intentado comprometerse con algo más sólido y duradero que ellos mismos —una vocación, una causa, un lugar de trabajo— solo para descubrir que hay muy pocos blancos sólidos y duraderos hacia donde apuntar, o quizá ninguno, que reciban con interés su oferta de compromiso.

El descubrimiento de Benjamin Franklin de que «el tiempo es dinero» era un elogio del tiempo: el tiempo es un valor, el tiempo es importante, es algo que debemos atesorar y cuidar, como hacemos con nuestro capital y nuestras inversiones. El *síndrome de la impaciencia* transmite el mensaje inverso: el tiempo es un fastidio y una faena, una contrariedad, un desaire a la libertad humana, una amenaza a los derechos humanos y no hay ninguna necesidad ni obligación de sufrir tales molestias de buen grado. El tiempo es un ladrón. Si uno acepta esperar, postergar las recompensas debidas a su paciencia, será despojado de las oportunidades de alegría y placer que tienen la costumbre de presentarse una sola vez y desaparecer para siempre. El paso del tiempo debe registrarse en la columna de débitos de los proyectos de vida humanos; trae consigo pérdidas y no ganancias. El paso del tiempo presagia la disminución de oportunidades que debieron cogerse y consumirse cuando se presentaron.

Después de comparar las ideas pedagógicas y los marcos educativos de trece civilizaciones diferentes, Edward D. Myers observó (en un libro publicado en 1960) «la creciente tendencia a considerar la educación como un producto antes que como un proceso».[3] Cuando es considerada como un producto, la educación pasa a ser una cosa que se «consigue», completa y terminada, o relativamente acabada; por ejemplo, hoy es frecuente oír que una persona le pregunte a otra: «¿Dónde recibió usted su educación?», esperando la respuesta: «En tal o cual universidad». La implicación es que el graduado aprendió todo lo que necesitaba saber acerca de las técnicas y aptitudes, aspiraciones y valores de la lengua, las matemáticas y todo el conocimiento acumulado sobre las relaciones del hombre con otros hombres, así como también su deuda con el pasado, el orden natural y su relación con él: en suma, todo aquello que necesitaba saber, es decir, que se le exigía para obtener un determinado empleo.

3   E.D. Myers, *Education in the Perspective of History*, Nueva York, Harper, 1960, p. 262.

A Myers no le gustó lo que comprobó; hubiera preferido que la educación fuera juzgada como una empresa continua que dura toda la vida. Tampoco le agradó la tendencia a cortar el pastel del conocimiento en pequeñas porciones, una para cada oficio o profesión. En opinión de Myers, una «persona culta» tenía el deber de no conformarse con su propia «porción profesional» y, además, no bastaba con cumplir ese deber durante los años de educación formal. El conocimiento objetivamente acumulado y potencialmente disponible era enorme y continuaba expandiéndose, de modo que el esfuerzo por asimilarlo no debería detenerse el día de la graduación. El «apetito de conocimiento» debería hacerse gradualmente más intenso a lo largo de toda la vida, a fin de que cada individuo «continúe creciendo» y sea a la vez una persona mejor. Sin embargo, Myers dio por sentada —y no la impugnó— la idea de que uno podía apropiarse del conocimiento y convertirlo en una propiedad duradera de la persona. Como sucedía con cualquier otra propiedad, en la por entonces «sólida» etapa de la modernidad, lo grande era bello y *más* equivalía a *mejor*. Lo que Myers consideraba errado del pensamiento educativo de la época era solamente esa noción de que los jóvenes podían obtener su educación de una vez y para siempre, como una adquisición única, en lugar de considerarla una búsqueda continua de posesiones cada vez más numerosas y ricas que se *agregarían* a las ya adquiridas.

El conocimiento

La imagen del conocimiento reflejaba que el compromiso y la visión de la educación eran una réplica de las tareas que ese compromiso fijó en la agenda moderna. El conocimiento tenía valor puesto que se esperaba que durara, así como la *educación tenía valor en la medida en que ofreciera conocimiento de valor duradero*. Ya fuera que se la juzgara como un episodio aislado, o bien que se la considerara una empresa de toda una vida, la educación debía encararse como la adquisición de un producto que, como todas las demás posesiones, podía y debía atesorarse y conservarse para siempre.

Así llegamos al primero de los múltiples retos que la educación contemporánea debe afrontar y soportar. En nuestra «modernidad líquida», las posesiones duraderas, los productos que supuestamente uno compraba una vez y ya no reemplazaba nunca más —y que obviamente no se concebían para ser consumidos una única vez—, han perdido su antiguo encanto. Considerados alguna vez como activos ventajosos, hoy tienden a verse como pasivos. Los que alguna vez fueron objetos de deseo se transformaron en objetos de resquemor. ¿Por qué? Porque el «mundo vital» de la juventud contemporánea, compuesto desmañadamente con porciones de sus experiencias vitales, ya no se parece a los pasadizos ordenados, sólidos y «aprendibles» de los laberintos «de ratones de laboratorio» que hace medio siglo se utilizaban para explorar los misterios de la buena adaptación a través del aprendizaje. John Kotter,[4] profesor de la Harvard Business School, aconseja a sus lectores que eviten quedar atrapados en empleos de larga duración del tipo «puesto permanente» y, en realidad, desaconseja desarrollar una lealtad institucional o dejarse absorber demasiado en cualquier empleo durante un tiempo prolongado. No debe sorprendernos, pues, que el panadero Rico se lamentara ante Sennett de lo dificul-

4 J. Kotter, *The New Rules*, Nueva York, Dutton, 1995, p. 159.

toso que le resultaba explicar qué podía significar un compromiso.[5]

La historia de la educación está plagada de períodos críticos en los cuales se hizo evidente que las premisas y estrategias probadas y aparentemente confiables habían perdido contacto con la realidad y exigían ajustes o una reforma. Con todo, aparentemente la crisis actual es diferente de las del pasado. Los retos actuales están golpeando duramente la esencia misma de la idea de educación tal como se la concibió en el umbral de la larga historia de la civilización: hoy está en tela de juicio lo *invariable* de la idea, las características constitutivas de la educación que hasta ahora habían soportado todos los retos del pasado y habían emergido ilesas de todas las crisis. Me refiero a los supuestos nunca antes cuestionados y mucho menos sospechosos de haber perdido vigencia, con lo cual, necesariamente, deberían reexaminarse y reemplazarse.

En el mundo de la modernidad líquida, la solidez de las cosas, como ocurre con la solidez de los vínculos humanos, se interpreta como una amenaza. Cualquier jura-

5   R. Sennet, *The Corrosion of Character: The Personal Consequences of Work in the New Capitalism, op. cit.*, p. 25.

mento de lealtad, cualquier compromiso a largo plazo (y mucho más un compromiso eterno) auguran un futuro cargado de obligaciones que (inevitablemente) restringiría la libertad de movimiento y reduciría la capacidad de aprovechar las nuevas y todavía desconocidas oportunidades en el momento en que (inevitablemente) se presenten. La perspectiva de cargar con una responsabilidad de por vida se desdeña como algo repulsivo y alarmante.

Hoy se sabe que las cosas más preciadas envejecen rápido, que pierden su brillo en un instante y que súbitamente y casi sin que medie advertencia alguna, se transforman de emblema de honor en estigma de vergüenza. Los editores de las lustrosas revistas de moda saben tomar bien el pulso de la época: junto con la información sobre las nuevas tendencias acerca de «lo que hay que hacer» y «lo que hay que tener», proporcionan regularmente a sus lectores consejo sobre lo que «ya no se usa» y debe descartarse. Además, hoy se espera que ni siquiera los hábitos que supuestamente habrían de durar un poco más permanezcan *inalterables*. Un anuncio reciente de oferta de teléfonos móviles atrae a los curtidos usuarios de teléfonos con esta exhortación: «Usted ya no puede presentarse en público con ese móvil que tiene ahora… vea los nuevos modelos». Nuestro mundo recuerda cada vez más la «ciudad invisible» de Leonia de Italo Calvino, donde «la opulencia puede medirse, no tanto por las cosas que se fabrican, se venden y se compran cada día; […] sino, antes bien, por las cosas que se tiran diariamente para dejar lugar a las nuevas».[6] La alegría de «deshacerse» de las cosas, de descartarlas, de arrojarlas al cubo de la basura, es la verdadera pasión de nuestro mundo.

La capacidad de durar mucho tiempo y servir indefinidamente a su propietario ya no juega a favor de un producto. Se espera que las cosas, como los vínculos, sirvan solo durante un «lapso determinado» y luego se hagan pedazos; que, cuando —tarde o temprano, pero mejor temprano— hayan agotado su vida útil, sean desechadas. Por lo tanto, hay que evitar las posesiones, y particularmente las posesiones de larga duración de las que no es fácil librarse. El consumismo de hoy no se define por la *acumulación* de cosas, sino por el breve *goce* de esas cosas. Por lo tanto, ¿por

6   I. Calvino, *Las ciudades invisibles*, Madrid, Siruela, 1998, p. 125, [traducción modificada].

qué el «caudal de conocimientos» adquiridos durante los años pasados en el colegio o en la universidad habría de ser la excepción a esa regla universal? En el torbellino de cambios, el conocimiento se ajusta al uso instantáneo y se concibe para que se utilice una sola vez. Los conocimientos listos para el uso instantáneo e instantáneamente desechables de ese estilo que prometen los programas de *software* —que aparecen y desaparecen de las estanterías de las tiendas en una sucesión cada vez más acelerada—, resultan mucho más atractivos.

Todo este encogimiento del lapso de vida del saber, provocado por un «contagio» completo —por el impacto de degradar la durabilidad de la posición, alguna vez venerable, que ocupaba en la jerarquía de valores—, está exacerbado por la mercantilización del conocimiento y del acceso al conocimiento.

Hoy el conocimiento es una mercancía; al menos se ha fundido en el molde de la mercancía y se incita a seguir formándose en concordancia con el modelo de la mercancía. Hoy es posible patentar pequeñas porciones de conocimiento con el propósito de impedir las réplicas, al tiempo que otras porciones

—que no entran en el marco de las leyes de la patente— constituyen secretos cuidadosamente guardados mientras están aún en el proceso de desarrollo (como un nuevo modelo de automóvil antes de que se exhiba en el salón del año siguiente), siguiendo la bien fundada creencia de que, como en el caso de cualquier otra mercancía, el valor comercial refleja lo que diferencia al producto de los ya existentes antes que la calidad del producto en su conjunto. Lo que diferencia al producto, por regla general, es de corta vida, pues el impacto de la novedad se desgasta rápidamente. Por lo tanto, el destino de la mercancía es perder valor de mercado velozmente y ser reemplazada por otras versiones «nuevas y mejoradas» que pretenden tener nuevas características diferenciales, tan transitorias como las de los productos que acaban de ser desechados porque ya perdieron su momentáneo poder de seducción. Concentrar el valor en lo diferencial es una manera de devaluar, oblicuamente, el resto del conjunto, el resto que no ha sido afectado por el cambio, el resto que «sigue siendo igual».

Así es como se desalienta la idea de que la educación puede ser un «producto» que uno gana y conserva, atesora y protege y, ciertamente, ya son pocos los que hablan a favor de la educación institucionalizada. Antes, para convencer a sus hijos de los beneficios del aprendizaje, los padres y madres solían decirles: «Nadie podrá nunca quitarte lo que has aprendido». Semejante consejo puede haber sido una promesa alentadora para aquellos niños a los que se les enseñaba a construir sus vidas como casas —desde los cimientos hasta el techo, mientras en ese proceso iban acumulando el mobiliario—, pero lo más probable es que la *juventud contemporánea* lo considere una perspectiva aterradora. Hoy los compromisos tienden a ser muy mal vistos, salvo que contengan una cláusula de «hasta nuevo aviso». En una cantidad cada vez mayor de ciudades de Estados Unidos, los permisos para construir solo se entregan junto con su correspondiente permiso de demolición...

EL CAMBIO CONTEMPORÁNEO

El segundo reto a las premisas básicas de la educación procede de la *naturaleza errática y esencialmente impredecible del cambio con-*

temporáneo y agrega nueva fuerza a la primera amenaza.

En todas las épocas el conocimiento fue valorado por ser una representación fiel del mundo; pero ¿qué ocurre cuando el mundo cambia de una manera que continuamente desafía la verdad del conocimiento existente y toma constantemente por sorpresa hasta a las personas «mejor informadas»? Werner Jaeger, autor de la clásica indagación de las raíces antiguas del concepto occidental de pedagogía y aprendizaje,[7] creía que la idea de educación (*Bildung*, formación) había nacido de un par de supuestos: el primero era la idea de que, debajo del desmenuzable estrato de diversidad, de la variada y cambiante experiencia humana, se asienta la roca dura del orden inmutable del mundo y, el segundo, que las leyes que sustentan y gobiernan la naturaleza humana son igualmente sólidas. El primer supuesto justificaba la necesidad y los beneficios de transmitir los conocimientos de los maestros a los discípulos. El segundo imbuía a los docentes de la confianza en sí mismos necesaria para tallar la personalidad de sus alumnos, como el escul-

7 Véase W. Jaeger, *Paideia: Los ideales de la cultura griega*, Madrid, Fondo de Cultura Económica, 1995.

tor talla el mármol, para darle la forma que, en todos los tiempos se estimaba que debía ser justa, bella y buena y, por esas mismas razones, virtuosa y noble. Si los descubrimientos de Jaeger son acertados (y nunca fueron refutados), la educación «tal como la conocemos» está en serias dificultades, pues hoy requiere un enorme esfuerzo sostener cualquiera de los dos supuestos y aún más esfuerzo percibirlos como conceptos evidentes por sí mismos.

A diferencia del laberinto de los conductistas, el mundo, tal como se vive hoy, parece más un artefacto proyectado para olvidar que un lugar para el aprendizaje. Los tabiques divisorios pueden ser, como en aquel laboratorio laberíntico, opacos e impenetrables, pero estos marchan sobre ruedas y están en continuo movimiento, arrastrando consigo los pasajes probados y explorados anteriormente. ¡Desdichados aquellos con recuerdos persistentes cuando encuentran que las confiables sendas de ayer al poco tiempo terminan en callejones sin salida o en arenas movedizas, o cuando descubren que las pautas de conducta convertidas en hábitos y que alguna vez contaban con garantía absoluta comienzan a provocar desastres en lugar del éxito asegurado! En semejante mundo, el aprendizaje

está condenado a ser una búsqueda interminable de objetos siempre esquivos que, para
colmo, tienen la desagradable y enloquece-
dora costumbre de evaporarse o perder su brillo en el momento en que se alcanzan. Y
puesto que las recompensas por obrar apro-
piadamente tienden a trasladarse diariamente
a diferentes lugares, los esfuerzos redoblados
pueden ser reconfortantes, pero también enga-
ñosos: son trampas de las que hay que cui-
darse y que conviene evitar, pues pueden
instilar hábitos e impulsos que en poco tiempo
habrán de revelarse inútiles, si no ya dañinos.

Nigel Thrift, el perspicaz analista de la
gente de negocios contemporánea, ha hecho
notar el extraordinario cambio de vocabula-
rio y el marco cognitivo que caracteriza a la
nueva elite mundial de la industria, el comer-
cio y las finanzas y cómo, entre ellos, los de
mayor éxito, digamos «los que llevan la voz
cantante», fijan las pautas de conducta de los
de menor éxito o de los miembros que aún
aspiran a emularlos.[8]

Para afianzar las reglas de sus estrategias
y la lógica de sus acciones, los líderes con-
temporáneos del mundo de los negocios utili-

8 N. Thrift, «*The* rise of soft capitalism», *Cultural
Values* 1(1), abril de 1997, p. 52.

zan los tropos de la «danza» y del «surf». Ya no hablan de la «ingeniería» como lo hacían sus abuelos y todavía sus padres, sino de «culturas» y «redes», de «equipos» y «coaliciones», y antes que hablar de control, liderazgo o, más específicamente, de dirección, prefieren hablar de «influencias». En oposición a tales conceptos abandonados o evitados, estos nuevos términos transmiten un mensaje de volatilidad, de fluidez, de flexibilidad y de corta vida. Las personas que despliegan estas expresiones andan en busca de organizaciones de estructura no muy firme fáciles de reunir, desmantelar y reorganizar según lo requieran las cambiantes circunstancias notificándolas con muy poca antelación o directamente sin previo aviso. Esta forma fluida de montar y desmontar es la que mejor se ajusta a la percepción que tienen del mundo que los rodea: un mundo «múltiple, complejo y en veloz movimiento» y, por lo tanto, «ambiguo», «enmarañado» y «plástico», incierto, paradójico y hasta «caótico». Las organizaciones comerciales de hoy tienden a tener un considerable elemento de desorganización deliberadamente construido; cuanto menos sólida y prontamente alterable sea una organización, tanto mejor. Y, como sucede con todo lo demás, en semejante mundo líquido toda sabiduría y todo conocimiento de cómo hacer algo solo puede envejecer rápidamente y agotar súbitamente la ventaja que alguna vez ofreció. De ahí que hoy se presenten como preceptos de la efectividad y la productividad «la negativa a aceptar el conocimiento establecido», la renuencia a guiarse por los antecedentes y la sospecha que despierta la experiencia acumulada. Uno es tan bueno como sus éxitos, pero en realidad solo es tan bueno como su *último* proyecto de éxito.

En los años pioneros de la cibernética ya hubo quienes hicieron notar que no podía existir la «organización perfecta». No hay manera de afirmar con ningún grado de certeza cuál de las organizaciones alternativas es «mejor», salvo que se haya tenido en cuenta el ambiente en el cual está destinada a funcionar esa organización. Podemos juzgar que los complejos organismos multifuncionales de los mamíferos superiores son los logros de primer orden de la evolución de las especies, únicamente porque el planeta Tierra que habitan está protegido del espacio exterior lleno de meteoritos errantes por una gruesa capa de atmósfera. Si este no fuera el caso, una forma mucho más «perfecta» de vida sería una masa de un plasma fluido e informe. Podemos decir que la tierra de frontera que todos habitamos en estos días parece favorecer el plasma y desfavorecer los organismos complejos, estrechamente integrados, que se reproducen monótonamente a sí mismos.

Como señaló Ralph Waldo Emerson hace ya mucho tiempo, cuando uno se desliza sobre una capa delgada de hielo, la salvación está en la velocidad. Para los que están buscando su salvación sería un buen consejo que intentaran moverse con la rapidez suficiente como para no correr el riesgo de quedarse demasiado tiempo poniendo a prueba la resistencia del lugar. En un mundo volátil como el de la modernidad líquida, en el cual casi ninguna estructura conserva su forma el tiempo suficiente como para garantizar alguna confianza y cristalizarse en una responsabilidad a largo plazo (al menos nunca se dice si habrá de cristalizarse ni cuándo y hay muy pocas probabilidades de que alguna vez lo haga), andar es mejor que estar sentado, correr es mejor que andar y hacer *surf* es mejor que correr. El *surfing* mejora con la ligereza y la vivacidad de quien lo practica; también es conveniente que el deportista no sea melindroso para elegir las olas que llegan hasta él y esté siempre dispuesto a dejar de lado el saber recibido, junto con las preferencias habituales que ese saber garantiza.

LA MEMORIA

Todo esto va en contra de la esencia de todo lo que representaron el aprendizaje y la educación a lo largo de la mayor parte de su historia. Después de todo, el aprendizaje y la educación fueron creados a la medida de un mundo que era *duradero*, esperaba *continuar siendo duradero* y apuntaba a *hacerse aún más duradero* de lo que había sido hasta entonces. En semejante mundo, la memoria era un valor positivo, tanto más rico cuanto más lejos en el pasado lograra llegar y cuanto más tiempo se conservara. Hoy, una memoria tan sólidamente atrincherada parece, en muchos casos, potencialmente inhabilitante, en muchos más engañosa y, en la mayoría, inútil. Uno no puede dejar de preguntarse en qué medida el rápido y espectacular crecimiento de los servidores y las redes electrónicas se debió a la promesa que ofrecían esos servidores de mitigar las preocupaciones relativas al almacenamiento, la evacuación y el reciclado de desechos. Puesto que el trabajo de memorizar produce más desperdicios que productos útiles y puesto que no hay una manera confiable de decidir de antemano qué será conveniente y qué no (cuál de los productos aparentemente útiles pronto caerá en desuso y cuál de los aparentemente inútiles gozará de un súbito resurgimiento de la demanda), la posibilidad de almacenar toda la información en contenedores que se mantienen a prudente distancia del cerebro (donde la información acumulada podría tomar subrepticiamente el control de la conducta) fue una proposición oportuna y tentadora.

En nuestro volátil mundo de cambio instantáneo y errático, las costumbres establecidas, los marcos cognitivos sólidos y las preferencias por los valores estables, aquellos objetivos últimos de la educación ortodoxa, se convierten en desventajas. Por lo menos, esa es la posición en que las sitúa el mercado del conocimiento, para el cual (como sucede con las demás mercancías en los demás mercados) toda lealtad, todo vínculo inquebrantable y todo compromiso a largo plazo son anatema y también un obstáculo que hay que apartar enérgicamente del camino. Pasamos del laberinto inmutable creado en los laboratorios conductistas y la monótona rutina modelada por los colaboradores de Pavlov al mercado abierto, donde cualquier cosa puede pasar en cualquier momento pero en el que nada puede hacerse y fijarse de una vez y para siempre y donde cada paso logrado es una cuestión de suerte que de ninguna manera garantiza que, si se repite, se obtendrá otro éxito. Y lo que debemos recordar y apreciar con todas sus consecuencias es que en nuestros días el mercado y la totalidad del *mappa mundi et vitæ* se superponen. Como observaba recientemente Dany-Robert Dufour, «el capitalismo sueña no solo con ampliar [...] el territorio en el que todo objeto es una mercancía (derechos sobre el agua, derechos sobre el genoma y sobre todas las especies vivas, órganos humanos [...]) hasta los límites del globo; también procura expandirlo en profundidad a fin de abarcar los asuntos privados, alguna vez a cargo del individuo (subjetividad, sexualidad [...]) y ahora incluidos en la categoría de mercancía».[9]

9   D.-R. Dufour, «Malaise dans l'éducation», *Le Monde Diplomatique*, noviembre de 2001, p. 11 [https://www.monde-diplomatique.fr/2001/11/DUFOUR/8137].

En el actual estadio «líquido» de la modernidad, la demanda de las funciones directivas ortodoxas de «disciplinar y vigilar» se agota rápidamente. Y es fácil comprender por qué: la dominación debe lograrse y asegurase dedicando mucho menos esfuerzo, tiempo y dinero, mediante la amenaza de *quedar excluido de todo compromiso* o, mejor aún, mediante la *negativa a priori a comprometerse*, antes que aplicando el control y la vigilancia obstructivos y continuos, día tras día. La amenaza de exclusión del compromiso o la negativa al compromiso traspasan el *onus probandi* al otro, al bando dominante. Ahora le corresponde al subordinado comportarse (y hacerlo diariamente) de un modo que atraiga el favor de sus jefes y despierte en estos el interés por «comprar» sus servicios y sus «productos» individualmente diseñados, del mismo modo en que los demás productores y vendedores seducen a sus posibles clientes para que deseen las mercancías que ponen en venta. «Seguir la rutina» no bastaría para alcanzar ese propósito. Como comprobaron Luc Boltanski y Ève Chiapello,[10] quien quiera

---

10   L. Boltanski y È. Chiapello, *Le nouvel esprit du capitalisme*, París, Gallimard, 1999, p. 171 [trad. cast.: *El nuevo espíritu del capitalismo*, Madrid, Akal, 2002].

tener éxito en la organización que ha reemplazado las situaciones laborales del tipo «laberinto de ratones de laboratorio», debe mostrarse jovial, dueño de aptitudes comunicativas, abierto y curioso, ofreciendo a la venta su propia persona, la persona completa, como un valor único e irremplazable que mejorará la calidad del equipo. Ahora es responsabilidad del empleado en funciones o del que aspira a serlo «monitorearse» para poder estar seguro de que su forma de actuar es convincente y tiene probabilidades de hallar aprobación no solo en el presente sino en cualquier ocasión, en caso de que el gusto de quien lo examina cambie. Ya no es tarea de los jefes moderar las idiosincrasias de sus empleados, homogeneizar sus comportamientos ni mantener sus acciones dentro del rígido marco de la rutina.

La receta para el éxito es «ser uno mismo», no ser «como todos los demás». Lo que mejor se vende es la *diferencia* y no la *semejanza*. Tener conocimientos y aptitudes «adecuados para el empleo» y ya exhibidos por otros que hicieron ese mismo trabajo antes o se postulan para hacerlo ahora, no sería suficiente; lo más probable es que se considere una desventaja. En cambio, hacen faltas ideas insólitas, proyectos excepcionales nunca antes sugeridos por otros y, sobre todo, la gatuna propensión a marchar solitariamente por caminos propios. No parece sencillo cosechar y aprender semejantes virtudes en los libros de texto (y sí, quizás, en los cada vez más numerosos libros de bolsillo que enseñan o prometen enseñar cómo impugnar y apartar del camino el conocimiento y la sabiduría recibidos y cómo cobrar los ánimos necesarios para recorrerlo solo). Por definición, tales virtudes deberían desarrollarse «desde dentro», mediante la liberación y la expansión de las «fuerzas interiores» que están latentes en las oscuras entrañas de la personalidad, unas fuerzas que esperan ser despertadas para ponerse a trabajar.

Este es el tipo de conocimiento (o más precisamente *inspiración*) que ambicionan los hombres y mujeres de la modernidad líquida. Quieren tener asesores que les enseñen cómo «marchar», antes que maestros que les aseguren que están recorriendo la única carretera posible, ya abarrotada. Los asesores que buscan, y por cuyos servicios están dispuestos a pagar lo que haga falta pagar, deberían ayudarlos (y lo harán) a excavar en la profundidad de su carácter y de su personalidad, donde se presume que están los yacimientos de precioso y sólido metal pidiendo a voces que se les descubra. Estos consejeros habrán de reprochar probablemente la pereza o la negligencia de sus clientes antes que su ignorancia y les enseñarán el «cómo», es decir, el *savoir être* o el *savoir vivre* antes que el «saber» a secas, en el sentido de sabiduría, ese saber que los educadores ortodoxos deseaban impartir a sus discípulos y que sabían transmitir muy bien. El culto actual a la «educación permanente» se concentra en parte en la necesidad de actualizarse en cuanto a las «novedades últimas» de la información profesional pero también, en una parte igual o mayor aún, debe su popularidad a la convicción de que el yacimiento de la personalidad nunca se agota y a la firme creencia de que todavía pueden encontrarse maestros espirituales que sepan cómo llegar hasta los depósitos aún inexplorados que los demás guías no pudieron alcanzar o pasaron por alto, es decir, pueden encontrarse dedicando el debido esfuerzo y el suficiente dinero para pagar el precio de sus servicios.

La marcha triunfal del conocimiento a través del mundo habitado (vivido) por los hombres y mujeres modernos se desarrolló en dos frentes: en el primero se procedió a invadir, capturar, domesticar, proyectar, colonizar y convertir en tierras de cultivo los nuevos territorios aún inexplorados del mundo. Gracias a los avances del primer frente, la construcción del imperio fue la de la información destinada a representar el mundo: en el momento de la representación, la parte representada del mundo se consideró conquistada y reivindicada para los seres humanos. El segundo frente fue el de la educación, que progresó expandiendo el canon de los «hombres educados» y ampliando las capacidades de percepción y de retención de los educandos. En ambos frentes, la «meta final» del largo y tortuoso esfuerzo —el fin de la guerra— se tuvo claramente presente desde el comienzo: todos los espacios en blanco se llenarían eventualmente hasta trazar un *mappa mundi* completo y toda la información necesaria para moverse libremente por el mundo cartografiado se pondría a disposición de los miembros de la especie humana mediante la provisión de la cantidad necesaria de canales de transmisión educacional.

Sin embargo, cuanto más progresaba esta guerra y a medida que las crónicas de las batallas victoriosas se hacían más largas, tanto más parecía retroceder la «línea de meta». En esta fecha ya es prudente suponer que la guerra fue, continúa y continuará siendo imposible de ganar tanto en un frente como en el otro.

Para comenzar, trazar el mapa de cada territorio recién conquistado parece aumentar antes que disminuir el tamaño y la cantidad de espacios en blanco, por lo cual el momento de esbozar un mapamundi completo no parece inminente. Además, el mundo «de ahí fuera», que alguna vez pareció fácil de capturar y aprehender, de encarcelar e inmovilizar en el acto de representación, hoy consigue escurrirse de toda forma registrada y se parece más a un jugador (por cierto astuto y taimado) que participa del juego de la verdad que a la apuesta en juego y el premio que los jugadores humanos esperaban compartir. Según la vívida descripción de Paul Virilio, «el mundo actual ya no tiene ningún tipo de estabilidad, está todo el tiempo deslizándose, escurriéndose silenciosamente».[11]

11   J. Armitage (ed.), «From modernism to hypermodernism and beyond», *Virilio Live: Selected Interviews*, Londres, Sage Publications, 2001, p. 40.

Con todo, desde el segundo frente, desde el frente educacional, el de la distribución del conocimiento, llegan noticias todavía más seminales. Por continuar citando a Virilio, «lo desconocido ha cambiado de posición: ha pasado del mundo, que era demasiado vasto, misterioso y salvaje», a la «galaxia nebular de la imagen».[12] Los exploradores deseosos de examinar esa galaxia en su totalidad son pocos y solo aparecen esporádicamente, y los que están capacitados para hacerlo son aún menos. «Hombres de ciencia, artistas, filósofos [...], todos nosotros nos encontramos en una especie de "nueva alianza" para la exploración de esa galaxia, un tipo de alianza de la que también la gente común podría abandonar toda esperanza de llegar a formar parte. La galaxia es, pura y sencillamente, inasimilable. Aún más, mucho más, en el mundo al que se refiere la información, *la información misma ha llegado a ser el principal sitio de lo "desconocido"*».[13] Hoy lo que parece «demasiado vasto, misterioso y salvaje» es la información misma. Los hombres y mujeres comunes de la actua-

12   Entrevista a Jérôme Sans, en J. Armitage (ed.), *Virilio Live: Selected Interviews*, *op. cit.*, p. 118.
13   *Ibid.*

lidad estiman mucho más amenazadores esos volúmenes gigantescos de información ávidos de atención que los pocos «misterios del universo» que quedan y que solo son objeto de interés para un pequeño grupo de adictos a la ciencia y un puñado aún más pequeño de aspirantes al premio Nobel.

Todo lo desconocido tiende a sentirse como una amenaza, si bien las diferentes variedades de «lo desconocido» provocan distintas reacciones. Los espacios en blanco del mapa del universo despiertan la curiosidad del aventurero, lo incitan a la acción y aumentan su determinación, valor y confianza. Prometen una interesante vida de descubrimientos, auguran un futuro mejor librado poco a poco de las molestias que envenenan la vida. Pero es muy diferente el caso de la masa impenetrable de información «objetivamente disponible»: todo está aquí, accesible ahora y al alcance de la mano y, sin embargo, insolente y enloquecedoramente distante, obstinadamente ajeno, más allá de toda esperanza de ser comprendido cabalmente alguna vez. El futuro ya no es un tiempo que se persiga. Solo aumentará las complicaciones presentes, acrecentando exponencialmente la inútil y sofocante masa de conocimiento, impidiendo la salvación que seductoramente ofrece. La completa masa de conocimiento en oferta es el principal obstáculo que impide aceptar esa misma oferta. Y también es la principal amenaza a la confianza humana: seguramente debe de haber en alguna parte, en esta aterradora masa de información, una respuesta a cualquiera de los problemas que nos atormentan y así es como, si no se consigue hallar la respuesta, sobrevienen inmediata y naturalmente la autocrítica y el menosprecio por uno mismo.

La masa de conocimiento acumulado ha llegado a ser el epítome contemporáneo del desorden y el caos. En esa masa se han ido derrumbando y disolviendo progresivamente todos los mecanismos ortodoxos de ordenamiento: temas relevantes, asignación de importancia, necesidad de determinar la utilidad y autoridades que determinen el valor. La masa hace que sus contenidos parezcan uniformemente descoloridos. Podríamos decir que en esa masa cada pizca de información fluye con el mismo peso específico. Y la gente, a la que se le niega el derecho a opinar por sí misma por falta de pericia pero que es constantemente abofeteada por las corrientes cruzadas de las contradictorias declaraciones de los expertos, no tiene manera de separar la paja del trigo.

En la masa, la parcela de conocimiento recortada para el consumo y el uso personal solo puede evaluarse por su cantidad; no hay ninguna posibilidad de comparar su calidad con el resto de la masa. Una porción de información es igual a otra. Los programas de preguntas y respuestas de la televisión reflejan fielmente esta nueva informidad obtusa y desconcertante del conocimiento humano: el competidor recibe la misma cantidad de puntos por cada respuesta acertada, independientemente del tema a que se refiera la pregunta. La importancia de las preguntas y la consecuente trascendencia de las respuestas no cuentan. Y si contara, ¿cómo se las arreglaría uno para compararlas y medirlas?

CONCLUSIÓN

Asignar importancia a las diversas porciones de información y más aún asignar a algunas más importancia que a otras probablemente sea una de las tareas más complicadas y una de las decisiones más difíciles de tomar. La única regla empírica que puede guiarnos es la relevancia *momentánea* del tema, una relevancia que, al *cambiar* de un momento a otro, hace que las porciones de conocimiento asimiladas pierdan su significación tan pronto como fueron adquiridas y, a menudo, mucho antes de que se les haya dado un buen uso. Como otras mercancías del mercado, son productos concebidos para ser consumidos instantáneamente, en el acto y por única vez.

En el pasado, la educación adquiría muchas formas y demostró ser capaz de ajustarse a las cambiantes circunstancias, fijándose nuevos objetivos y diseñando nuevas estrategias. Pero, lo repito, el cambio actual no es como los cambios del pasado. En ningún otro punto de inflexión de la historia humana los educadores debieron afrontar un desafío estrictamente comparable con el que nos presenta la divisoria de aguas contemporánea. Sencillamente, nunca antes estuvimos en una situación semejante. Aún debemos aprender el arte de vivir en un mundo sobresaturado de información. Y también debemos aprender el aún más difícil arte de preparar a las próximas generaciones para vivir en semejante mundo.